他人のことが気にならなくなる「いい人」のやめ方

元結不動 密蔵院住職
名取芳彦

リベラル文庫

はじめに

世の中には〝いい人〟がたくさんいます。他人を傷つけたくない心の優しい人、あるいは、他人を喜ばせようとするサービス精神旺盛な人たちです。

その中に、嫌われたくないという理由で〝いい人〟になろうとする人がいます。私たちは、子どものころから他人から嫌われれば生きづらく、好かれれば余計な衝突を避けられることを学んで成長します。そして、悪い人よりはいい人であるべきだし、いい人ならばこうすべきというルール（こだわり）のようなものが、いつの間にかできあがっていきます。

この「こうあるべき」「こうすべき」という考え方は、わかりやすいルールですが、そうしない人を許容できなくなる危険性をはらんでいます。また、「こうあるべき」

「こうすべき」と思っている自分がそうできなくなったとき、自分を否定しなくてはいけないというオマケがついてきます。

本書は、頑張って〝いい人〟になろうとする人の心のモヤモヤを晴らすことを中心に、何かにこだわっているがゆえに近い将来息苦しくなりそうな人にもっとラクに生きていただこうと、仏教が説く智恵を土台に書き進めました。

〝いい人〟をやめたからといって、悪い人になるわけではありません。人は表と裏しかないコインではないのです。もっと別の、心おだやかな人になれる可能性があります。

本書がその扉を開くカギになれば幸いです。

名取芳彦

もくじ

1章
毎日がラクになる、小さなヒント

2章

困った時は、こうしよう

3章

人づきあいが楽しくなるコツ

4章　心地いい関係のつくり方

※本書では、私たちが普段の生活で物事を判断する能力のことを「知恵」、仏教の真理にもとづいて物事を判断する能力のことを「智恵」と表記しています。

1章

毎日がラクになる、小さなヒント

人の目を
気にするクセを
やめよう

私たちは小学生の時から、先生がつくった通知表で評価されます。社会に出れば、会社の評価で給料や人事が決まります。

そんな環境で育った私たちが、人からの評価を気にするようになるのは仕方ないのかもしれません。「人からどう思われようと気にしません」と気負ったように言う人に会うと、私は「本当にそう思っている人は、そんなことを口にしないよ。あはは」と相手の肩を叩きます。人からどう思われているかを気にしないでいられるようになるには、覚悟が必要です。

自分の言動がどう思われているかを気にしすぎれば、「私はこれでいい」と思えず、「私、どうです？　どうでした？」と、人からの評価を求めてキョロキョロすることになります。私はそんな人を〝心の挙動不審者〟と呼びます。

人からの評価はよいほうがいいでしょう。認めてもらえれば自己肯定感も高まり、ラクに生きていけます。そのためにあえて好評価を得ようとへつらい、媚を売る人もいます。そんな自分に嫌気がさすこともあるでしょう。

しかし、そんな時こそ、**人からどう思われるかを気にしないでいられる自分をつくるチャンス**です。

仏さまは、自分が周りからどう思われているかを気にしません。人の目を気にしている仏さまがいたら、ちょっと変です。仏さまは、いつどんなことがあっても心おだやかでいられる境地を、それぞれのやり方で目指しています。観音さまは「私は慈悲で悟りを目指します！」と宣言し、文殊《もんじゅ》菩薩《ぼさつ》さまは「私は智恵で悟りに向かいます！」と決めています。向かうべき目標もやり方も自分で決めているので、他からどう思われているかは気にしません。

私たちも、他人からのアドバイスを参考にしたとしても、**目標に向かって自分**

流のやり方をすれば、人の目を気にする必要はありません。否、そもそも、気にしている余裕はないのです。

知らないうちに「人から変な目で見られないようにする」ことを目標にしてしまっている人がいるかもしれません。しかし、そんな目標ではなく、もっと前向きに、「会う人みんなを好きになってみよう」「寝る時に、いい日だったと思えるような一日にしよう」「ラクに人づきあいしよう」など、幸せになれる目標を立てて、前に進んでみようではありませんか。

「自分は自分」を思い出そう

親友がいなくて
さみしい時は

多くの国語辞典が、親友は「何でも打ち明けることができる、特に親しい友人」と解説しています。

「何でも」とありますが、その多くは人に言えない悩みです。親友とは、周りに公言できず、内緒にしている秘密を共有できる人と言ってもいいでしょう。

ですから「こんなこと、人には言えないけど……」と前置きして、心の内を伝えられる相手がいるなら、その人はあなたの親友かもしれません。「人には言えないことを私に言うってことは、私は人ではないの？」と冗談が言えるくらいの仲なら、友人以上の親しい関係と言えるでしょう。

それを踏まえると、親友を得るには**「心の内を打ち明ける」**という行動が必要かもしれません。自分から周りの人に心を開いていくことが、親友を見つけるきっかけになるのでしょう。

一方、「親友がいなくてさみしい」と言う人は、「こんなことは話すべきでない」「本心を言ったら嫌われるのではないか」と、**心に鎧を着ていることが多い**ようです。鎧を脱げば自分の考えていることを見透かされ、弱みにつけ込まれるのではないかと心配しているのかもしれません。

鎧を着ていれば、何を考えているか、外からはわかりません。それでは親しい人をつくるのは難しいでしょう。

しかし、犬や猫が自分の弱点であるお腹を見せて「あなたを信用しています」と甘えるように、**心の鎧を脱いで「私は、こんなことで悩んでいます」と弱点を見せれば、相手も鎧を脱いでくれることが多い**ものです。

具体的には、「こんなことを申し上げると失礼かもしれませんが……」と前置きして話し始めると、自分の鎧が少しはがれて、胸の内を吐露しやすくなります。

相手にも鎧をはずしてもらい、本音トークをしたければ、「こんなことをお聞きすると失礼かもしれませんが」と前置きし、相手に色々質問してみるといいでしょう。

心の鎧をはずし、「こんなことは他の人に言えないけど……」と打ち明けられる親友をたくさんつくってください。

心の鎧を脱げば、親友が見つかる

気づかれしない
気づかいが
ちょうどいい

「人に気をつかって、疲れる」と言う人がいます。しかし、「疲れるから、人に気はつかわなくていい」という無茶な考えをして〝わがまま人間〟になってしまうのも問題です。

人に気をつかうことは、相手の迷惑にならないように、喜んでもらえるようにと慮《おもんぱか》っているのですから、立派なことです。

ですから、問題は人に気をつかうことではなく、（気をつかって）疲れてしまうことでしょう。

疲れる理由としては、相手の言葉や態度、性格などから相手の主張や思いを推しはかり、どうしてあげればいいかを考えることが挙げられます。この複雑な情報処理は脳トレにもなりますし、人を慮る、麗しい精神活動です。

この時、自分が嫌われないために気をつかおうとすると疲れるのです。ですから、**相手のために気をつかえばいい**のです。ある先輩は、私が待ち合わせ時間に遅れると連絡すると「ちょうどいい。のどが痛いから、のど飴を買ってきてくれ」と言ってくれました。結果的にその先輩はのど飴をなめませんでしたから、のどが痛いのは嘘で、遅刻の負い目を減らすために私に気をつかってくれたのでしょう。このような気づかいは、人との関係をあたたかなものにします。

私は、気をつかって疲れるのは当たり前だと思っています。

「当たり前」は魔法の言葉。「気をつかっているのだから、疲れるのも当たり前だ」と思えば、腹が立ちません。

その余裕を持つには、**他人に気をつかわないでいい空間と時間を確保する**ことです。散歩や読書、気のおけない家族や友人との時間、あくびが出るほどのんびりした時間を意識してつくると、心のバランスが取れます。

特に散歩をすると、道端の草や花、雲、頬をなでる風が、自分にさりげない気づかいをしてくれている気がします。こうした時間を持つと、さりげない気づかいは悪いことではないと思えて、気持ちがラクになります。

気をつかいすぎると、かえって相手の負担になることもあります。さりげない気づかいを、ほどほどにするのが一番です。

気をつかわない時間も大切に

人の「いいね！」を
待つより、
自分に「いいね！」を
しよう

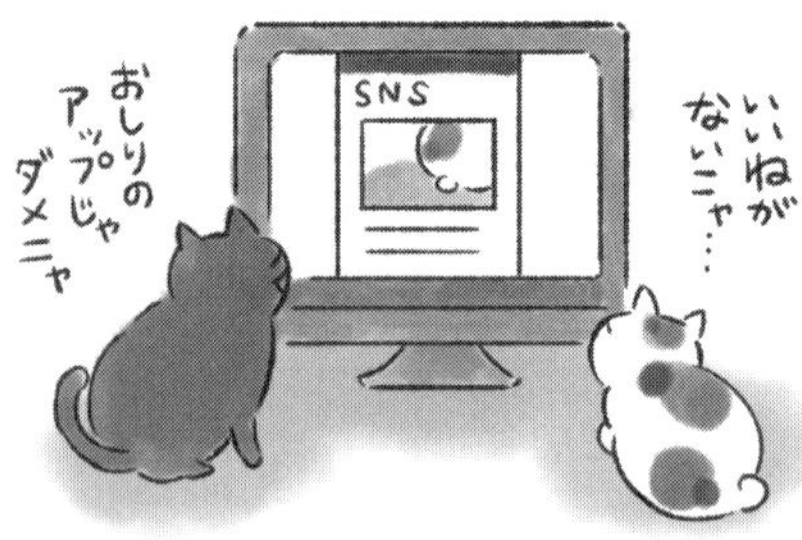
SNS
おしりのアップじゃダメニャ
いいねがないニャ…

人には「愛されたい・認められたい・ほめられたい・役に立ちたい」という四つの欲求があるそうです。このうち一つが叶えられれば、明るい気持ちで生きていけるとも言われます。

四つの願いのうち「役に立ちたい」は、（実際に役に立つかは別にして）自分が役に立つことをするという能動的な行為、主体性が必要です。しかし、残りの「愛されたい・認められたい・ほめられたい」の三つは受け身で、すべて相手からしてもらうことなので厄介です。

これらの**承認欲求は、それがないと他のことに手がつけられなくなるほど中毒性が高い**とも言われます。

その典型が、ＳＮＳの「いいね！」かもしれません。承認欲求を満たそうと、一日に何度も記事を更新し、他の人の記事に書いたコメントにも「いいね！」を求めて画面をあちこちウロウロしていれば、一時間などすぐに過ぎていきます。

かく言う私も、拙著の読者にいくらか役に立てばいいという思いで、毎日ブログを書いています。本の中で「一日生きていれば、何かしら素敵なことがあるでしょうから、それに気づく感性を磨く練習をしましょう」と書いているので、私の具体例をお伝えするのがねらいです。

私の場合は、自分で勝手に書いているだけなので、反応のあるなしは気にしません。一方通行でいいと思っています。おかげでとてもラクです。

ＳＮＳでは私と同様に、みんなが好き勝手なことを書いています。好きに書いているのですから、「いいね！」を押す義務は誰にもありません。自分が「いいね！」をほしいからといって、人の記事にも「いいね！」を押していれば、ますます承認欲求やネット中毒から抜け出せなくなるでしょう。

そこから脱出して自立して生きるには、**「やることをきちんとやっている」と“自分で”認め、ほめる**ことです。そして、自分では気づかなくても、きっとどこかで誰かの役に立っているだろうと信じることが近道です。

あなたがここに存在していること自体が、親や友人、大自然から巨大で壮大な「いいね！」をもらっている証なのです。人からの反応に一喜一憂しない、主体的な生き方を身につけていこうではありませんか。

心の中に「いいね！」を増やそう

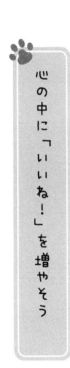

心を広げて
出会いを
増やそう

「面白いことがあっても人に語るわけにもいかず、悲しいことがあっても人にこれを訴えることもできず、さて一人というものは心細いもの」

これは講談で登場するセリフの一つ。知り合いの、三十歳を超えた独身者に言うと、多くの人が「身につまされる…」と泣きまねをします。

泣きまねをした後に、今度は自慢げに「そうなんだよ、和尚。少子化問題と高齢化問題って言うけど、私はその二つの荷物を両肩にかけて人生を歩いているようなものなんだから」と言います。

「あはは。お前さんみたいにユーモアのある人を好きになる人がいないのは、どうしてだろうね。世の中には目利きがいないんだねぇ」

「でしょ!?　私もそう思うよ」――こんな会話を年に何回もしています。

生涯独身者の比率が高くなっていく理由は社会学者に任せますが、伴侶がいないのをさみしいと思うなら、**好きな人、否、嫌いでない人を探しに外に出るのが一番。**出会いは「出て会う」と書くのですから、出かけないと恋物語はスタートしません。

好きな人とつきあいたい気持ちはわかりますが、自分好みの〝完成品〟がどこかにいると思ったら大間違い。そういう人はとっくに誰かとつきあっていたり、結婚したりしています。人はつきあっていく中で、互いに磨かれて形になり、好きになっていくのですから、最初から完成品を求めようとするなどは、講談のセリフを借りれば〝テッペンから了見が違う〟のです。

優しい人がいいからといって、そんな人を探そうとしてもダメです。優しくても不潔な人もいますし、しつこい人もいます。私のように「あなたって優しいよね、だ・れ・に・で・も！」と家内に皮肉を言われる人もいるのです。

消極的で嫌かもしれませんが、一生独身かもしれないと不安になるなら、**「絶対無理リスト」をつくる**のをおすすめします。「こういう人以外ならいい」にしたほうが圧倒的に候補者が多くなり、失敗も少なくなります。

そしてつきあい始めると、お互いのわがままがポンポン飛び出します。そのわがままの許容範囲を互いに確かめ、妥協していく作業が面白いのです。

待っていないで、自分から外に出て、心細い独り身の不安から脱出してください。

「無理」を知れば「いいかも」が増える

「いい子」
「いい人」を
演じなくていい

「いい親」「いい子」「いい部下」「いい妻」など、他人から期待される人物像に合わせてふるまう人がいます。人の好みに合わせることを、使命のように思っているのかもしれません。

しかし、それらはつくられた偶像でしかなく、仮面をかぶっているようなものです。**仮面をかぶりつづければ、息苦しくなるのは当然**です。

また、世間一般の「いい〇〇」というのもあてにならないものです。

たとえば、「いい子」は親の言うことを何でも聞く孝行者というイメージがありますが、それによって自分の考えや価値観が持てなくなるのも問題です。親の考えに反発し、自立して自分の人生を生きていくことも、立派な親孝行です。

「いい上司」の理想像も、優しい、厳しい、頼れる、部下の自由にさせてくれる、部下の意見に耳を傾けるなど、人によって様々です。

「いい部下」にしても、従順、向上心がある、上司に意見するくらい気骨があるなど、人の好みは一様《いちよう》ではありません。

このように多岐にわたる人物像すべてを網羅して、演じることは不可能です。不可能なことをやろうとするから疲れるのです。

ですから、**周りから期待される人物像を演じるより、自分が理想とする人物像を思い描いて、それに近づくようにしたほうがいい**でしょう。

昔のお坊さんたちは、親を捨てて出家しました。彼らは、親の肩をもんだり、一緒に旅行に行くのは小さな親孝行で、人々を救うことこそ大きな親孝行と考えて出家したのです。

また、古代中国のある国の王は、会議で自分の意見に反対する家臣や、自分より優れた意見を言う者がいないことを憂慮したそうです。理想の王は、世間が考えているような絶対的な権力者ではなく、自分の考えを堂々と言う家臣がいる王であるとしていたのです。理想的な上司や部下について考えさせられる、示唆に富んだ話です。

他人が一方的に決めた理想像に応えるのではなく、自分が理想とする人物を目指しましょう。そうすれば、あれこれ仮面をつけなくてもすみます。これまでつけていた仮面も自然とはずれて、素の自分のよさ、魅力、才能が発揮できるようになるでしょう。

仮面をはずして、素敵な素顔に

人と比べても何も変わらないよ

人は、弱気になっている時ほど自信がほしくなって、つい他人と自分を比べてしまうのだそうです。比べてどう思うかは人それぞれですが、多くの場合「自分のほうが上だ」と傲慢になったり、「やはり自分はダメだ」と落ち込んだりと、どちらにしてもあまりいい結果にはなりません。

比べることを「相対《そうたい》」と言います。「相対《あいたい》して」いるのです。

スーパーの鮮魚売り場で一匹百円のサンマが、となりの一匹八百円のカツオに言います。

「あなたは私より七百円も高いのですね」

「仕方がないですよ。私がここに来るまでに人間がかけたお金によって、値段が決まるんですから」

「でも、あなたのほうが高級そうに見えますよ」と自信のないサンマはつい相対で考えて、自分を卑下します。

すると、カツオが相対を離れて言います。

「何を言っているんです。私たちは値札をつけて海を泳いでいたわけではありません。私たちはもともとは値段などついていない、プライスレスなんです」

相対を離れた見方を「絶対」と言います。**他の何かと比べないで、そのものの価値を見ていく立場**です。仏教が説くのもこの立場で、物事の区別はしますが、差別はしません。

私もそう思って、比べることから遠ざかっていたのですが、還暦を前にして「比べることのメリット」について気づいたことがあります。

それは、**向上するためには比べるのも有効**だということ。

自分より優れている人がいたとしましょう。その人と比べて自分のいたらないところに気づき、その人のようになるために努力するならいいのです。

人と比べて弱気になってしまう人は、本当の自分を見失っているようなものです。弱気を勇気に変えて、高みに向かいましょう。

人と比べて傲慢になってしまう人は、その心と言動で相手を傷つけていることを知りましょう。そして、上には上がいることを知って、傲慢を謙虚に変えて、今以上に素敵な人を目指しましょう。

比較を飛躍に変えよう

困ったら素直に「助けて」と言おう

「こうしてほしい」と人にうまく言えない人、困った時に「助けて」と言えない人がいます。そんなことを言えば相手の迷惑になり、嫌われるかもしれないと心配になるのでしょう。しかし、そうして何も言わないでいると、我慢やストレスがたまるばかりで、自分の本当の気持ちもわかってもらえません。

誰かにしてほしいことがあるなら、**図々しいと思われるのを少しだけ覚悟して、素直に頼めばいい**のです。

「迷惑かもしれませんが……」と前置きすれば、多くの人は〝めったに自己主張しないこの人が頼みごとをするのだから、よほど悩んだ上でのことだろう〟と思い、「できることならやりますよ」と快く引き受けてくれるでしょう。私も何度か「あなたが人に頼みごと？　珍しいね。いいよ」と答えたことがあります。

あなたも誰かに何かを頼まれれば、おそらく「私にできることならお手伝いしますよ」と笑顔で答えるでしょう。人に頼りにされるのは嬉しいものです。

それでも、頼みごとをすればやはり相手に嫌われ、面倒な人だと思われるかもしれないと不安になり、どうしようと思う人もいるでしょう。

自己主張が苦手なのは謙虚さの表れかもしれませんが、本当の謙虚とは自分が頼みごとをすることで相手に迷惑をかけないようにする、奥ゆかしい〝相手へのいたわり〟が土台になっています。

そこには〝迷惑をかけて嫌われたくない。図々しい人と思われたくない〟という自分本位、自己保身の気持ちはありません。

一方、**頼みごとをしたら嫌われるのではないかと自分の保身ばかりにとらわれているのは、終始自分のことだけを考えている状態で、謙虚とは別のものです。**

自分のせまい心の中だけで考えているから、いき詰まって「こうしてほしい」と言えなくなってしまうのでしょう。

どんな人も、自分一人ですべてをやりとげられるわけではありません。頼みごとをするのは、ごく当たり前のことなのです。大切なのは、頼みごとをした後に「嫌われなかったかな？」と不安になるのではなく、「ありがとう。おかげで助かりました」と相手に感謝することでしょう。

何でも自分でやるという責任感が強すぎると思ったら、自分の固い心の殻を破って「こうしてほしい」と頼む勇気を持ちましょう。

一人で抱え込まないで

幸せの
押し売りには
目をつぶろう

SNSをしていると、友人が仲間と一緒に楽しい時間を過ごした写真がよくアップされています。

嘘か本当か知りませんが「大勢と一緒にいる写真をアップする人ほど、実生活では孤独でさみしい人である」と聞いたことがあります。「どう？　私って仲間がたくさんいるでしょ」とアピールして、心のさみしさを悟られないようにしているというのです。

この分析は的を射ている気がし、私の心にもずぶりと刺さりました。これを機に、負けず嫌いな私は、仲間との記念写真をウェブにアップするのをやめました（宴席はほとんど断らなかった私が〝酒グセの悪い奴ほど、飲み会を断らない〟という言葉を知ってから、お酒の代わりに涙を飲んで断るようになったのも、この負けず嫌いが原因です）。

世の中には、仲間との写真をアップしなくても、孤独ではなく、かえって充実した日々を送っている人は佃煮にできるくらいいます。

同様に、どれほど幸せそうな姿をアピールしていても、その人が実際に幸せかどうかは、はなはだ疑問です。〝見ればただ　何の苦も無き　水鳥の　足に暇なき　わが思いかな〟という古歌があります。すいすい水面を移動しているように見える水鳥だって、水面下ではせわしく足を動かしているのです。

幸せそうに見える人も、仲間に気に入られようとして、風見鶏のように無理に話を合わせ、おべっかを使っているのかもしれません。心身ともにクタクタなのに、写真の時だけ精一杯笑みを浮かべている人もいるでしょう。

ですから、ＳＮＳ上の〝幸せ披露合戦〟を見てうらやましがったり、みじめになったり、焦る必要など少しもありません。

自分の幸せを人に見せたいと思うのは、幸せのおすそわけではなく、ある意味で趣味の押しつけだと割りきりましょう。他人の幸せそうな写真や文章には、とりあえず「幸せでよかったね」と祝福すればいいのです。

38ページでもお伝えしましたが、他人の幸せを見て自分も幸せを目指すならいいのです。しかし、落ち込むくらいなら、いさぎよく「比べること」から撤退しましょう。

そのほうがマイペースで幸せに近づいていけますよ。

幸せ披露合戦は辞退しよう

ストレスで
ハつ当たり
しそうになったら

ビックリするような人生相談を受けたことがあります。

「ストレスがたまって人に当たってしまい、関係が悪くなるんです。どうしたらいいでしょう」とおっしゃるのです。相談するために問題を整理してくださったのでしょうが、これでは整理しすぎです。

「ストレスがたまって」「人に当たって」「人間関係が悪くなる」の三つの問題を解決するには、根本原因のストレスをためないことに尽きますが、相談している人は、ストレスがたまるのは仕方がないのを前提にしているようです。

こうした重層した問題は、直近の問題から対処するのがいいでしょう。

まず、人に当たっても関係が悪くならない算段をします。「八つ当たりしてしまって、ごめんなさい」と謝るのです。関係が悪化する前（八つ当たりした直後）に伝えたほうがいいですが、関係が悪化してからでも遅くありません。

次にやることは、ストレスがたまっても人に当たらない算段です。私は**「心の天気は自分で晴らす」**という言葉を机の前に貼って、八つ当たりを防いでいた時期がありました。ストレスがたまってきたのを自覚したら、目立つように「八つ当たり警報発令中」と書いたタグを首から下げてみるのもいいでしょう。これで、とばっちりを受ける被害者が少なくなるはずです。

最後に、ストレスをためない算段です。**ストレスの多くは、自分の能力の許容範囲を超えた事態に直面した時に起こります。**

これに対処する方法は二つ。直面する事態を自分の許容範囲内に抑えるか、自分の許容範囲を大きくするかです。

許容範囲内にするには、「これは私にはできません」と自他に宣言してやることを減らす、誰かに手伝ってもらう、要領よくやる方法を考えるなどがあります。

許容範囲を大きくするには、対応できるようにスキルを磨いたり、増やしたりします。また「できなくても死ぬわけではない」「私が悩んでいることなどちっぽけなことだ」と感じられるように、自然の中で過ごす時間を増やすのも効果的です。

問題を整理する力があるなら、自分で解決する方法も見つけられるはず。心のモヤモヤは、小さなところからほどいていきましょう。

心の天気を晴れにしよう

column

〝縁〟をつないで、幸せに

どんなことも、条件がそろって結果になります。仏教では、結果に結びつく「すべての条件」を「縁」と呼びます。

幸せになりたければ、そのための縁をそろえなければなりません。お金や健康だけでなく、家族、優しさ、感謝が必要だと考える人もいるでしょう。借金がない、病気にならない、周りに陰険な人がいないなどの「～がない」という縁もそろわないと幸せになれません。

これらの縁は膨大な数になります。自分の力で集められる縁もあれば、自分ではどうしようもない縁もあるでしょう。しかし結果を望むなら、自分で集められるものは、努力して集める必要があります。縁がそろって出た結果は、新しい縁になって、次の結果につながります。

何がどんな縁になり、どんな結果を生むかは、なかなか予想できません。だからこそ、人生は愉快です。

日本人はいい縁を〝おかげ〟と呼んで感謝し、悪い縁を〝～のせい〟と言って責任逃れしようとします。たくさんの〝おかげ〟に気づける生き方をしたいものです。

2章

困った時は、こうしよう

嫌なことに
ノーと言えない
時は

花を見て怒る人はいないので、仏教で花は優しさのシンボル。また、寒さに耐えて美しい花を咲かせることから、我慢の大切さも教えています。

優しさと我慢の二つの思いを花に託して仏壇やお墓に供えるのですが、亡き人や仏さまはその心の三割だけを受け取り、七割はこちらに返すと言われます。

「あなたの優しさや我慢する心は、時としてつぼみのままだったり、ことによってはしおれかかっているかもしれません。でもいつか、この花のようにきれいな花を心の中に咲かせてください」という応援の花束です。だから、私たちのほうに向けてお供えすると言われています。

さて、我慢について知っておいたほうがいいことがあります。

まず、**我慢は目標がないとできません。**誰でも我慢は嫌なものですが、「この目標を達成したい」という思いがあれば、耐える力もわいてくるものです。

人から嫌なことをされたのにノーと言えない人は、ある意味で我慢強い人なのかもしれません。しかし、**我慢してまで叶えたい目標があるのかを考えてみると**いいでしょう。私が思いつくのは、「ことを荒だてて自分の立場を悪くしたくない」という小さな目標くらいです。

嫌なことをされれば、自尊心が傷つきます。それなのにノーと言わずに放置すれば、人の気持ちをくみ取れない相手はますます図に乗り、こちらの心は傷だらけになります。

誰でも、自分に自信を持って生きていきたいという目標があるでしょう。それなのに嫌なことをされれば、尊厳を大切にして生きる上で大きな障害になります。それを取り除くためには、「嫌なことをされたらノーと言う」ことが必要です。

また、もっと身近な目標を立てることで、ノーを言いやすくすることもできます。
「気分よく暮らしたい」という目標でも、ノーと言えるようになります。
「不当な扱いをされる犠牲者をこれ以上増やさない」という目標でもいいでしょう。

さて、あなたはどんな目標を設定しますか。

目標をつくって、ノーと言おう

意味のない愚痴はスルーしよう

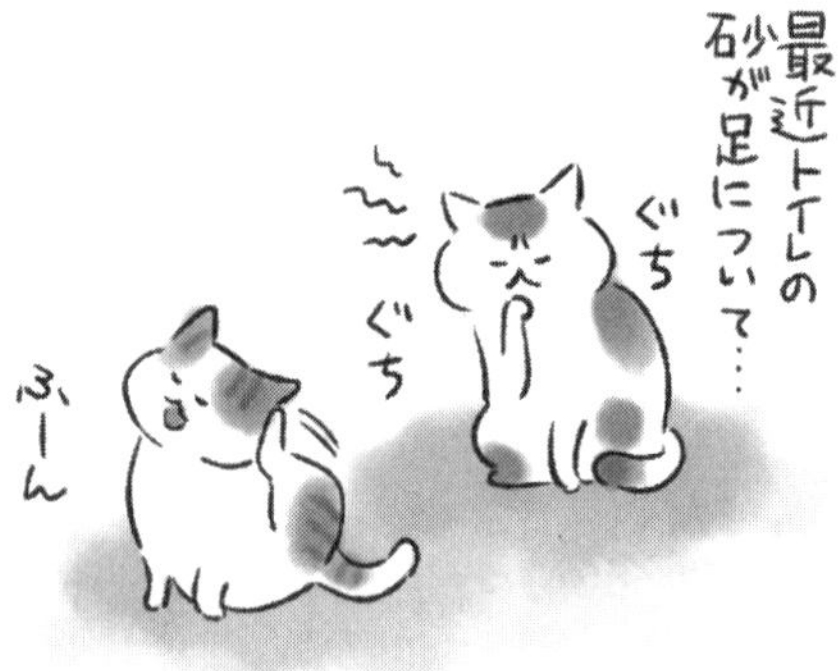

最近トイレの砂が足について…
ぐちぐち
ふーん

口を開くと、心の濁りが濁点になってクチに付着し、グチ（愚痴）になる人がいます。「こう考えたらいいよ」とアドバイスをしても馬の耳に念仏で、聞こうとしません。こぼされた愚痴と、こちらが吐き出したため息が、あたり一面に散乱することになります。

愚痴は、もともとは仏教語です。

仏教語大辞典で調べると「真理に対する無知」「心が暗くて一切の道理に通じる智慧に欠けたありさま。それが誤った行いの原因となる」など、仏教的な解説の後に、「通俗には、心愚かなため、言っても効果のないことを述べたてるのを、愚痴をこぼす、という」とあります（傍点は著者）。

愚痴は、言っても効果がないのです。ここが「相談」と大きく違います。

相談は、効果のある解決方法を見つけるのが目的ですが、愚痴の場合は、問題を解決しようとする意図はありません。ただ不満を述べるのが目的なので、聞くほうは忍耐力が必要です。

私は、相手の話が愚痴だと思ったら、最後まで黙って聞いて「でも、あなたはまだいいほうですよ」と締めくくります。冷静になれば、自分より悲惨な人がいるのに気づくので「まあ、そうなんですけどね」と満足してくれます。

愚痴をこぼす人は、ネガティブなことも言う傾向があります。中にはネガティブが服を着て歩いているような人もいますが、ネガティブ光線は負のエネルギーなので、こちらの心もつい暗くなりがちです。しかし、**こちらにも笑顔でラクに生きる権利があるのですから、負けてはいけません。**

「あの人は嫌い」など、対人関係のネガティブ光線は「向こうもそう思っているよ」と、あなたがミラーマンになって反射できたらいいですね。

「あのやり方は納得できない」などの否定的な愚痴には、「どんなやり方なら納得できる？　本当にそれをあなたができる自信がある？」と、詰め寄るフリをするのもいいでしょう（意地悪だと思いますが、ネガティブ発言を控えてもらうための軽いショック療法です）。

対応しないでスルーしたければ、「ネガティブなことばかり言っているように聞こえるけど、何かいいことってないんですか」でいいでしょう。

ネガティブにはつきあわない

愚痴やネガティブな発言は、重く受けとめなくていいですよ。

優柔不断な人にイライラしたら

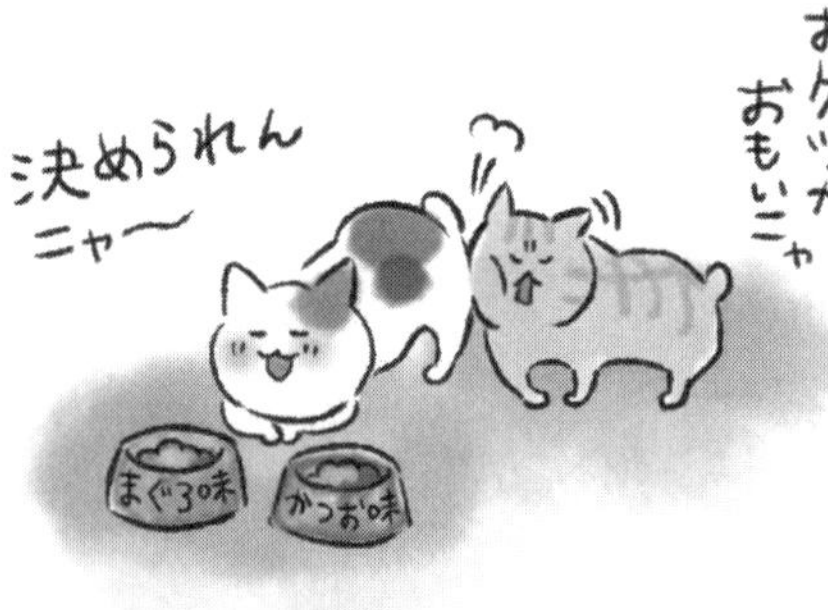
おケツがおもいニャ

私たちは日々、たくさんの選択をして生きています。朝食はご飯かパンか、ソックスはどれにするかなどはささいな選択ですが、結婚するかしないか、どんな仕事に就くか、終末期医療で延命を望むか、痛みの緩和を望むかなどのように、生活や人生に関わる大きな選択も迫られます。

こうした時に、うまく決断できない人がいます。どちらにするかを聞いても「わかりません」「別にどちらでも」とのらりくらりとかわすばかりで、自分の意見を言わない姿を見ていると、イライラします。

ただイライラしていても仕方がないと思い、決められない人の心情を考えたことがあります。まず、どんなことでも対応できる自信がある人（こういう人は放っておいていいでしょう）。次に、経験が不足しているので何を判断材料にして決定すればいいのかわからず、責任の取り方もわからない人。そして、責任を取るのが嫌で逃げている、無責任な人です。

仏教には、火焔《かえん》を背負って恐ろしい顔をしている不動明王がいます。「心を不動にしないと（決めないと）動けない」という行動原理を表しています。

経験不足で決められない人には、まずこの**「動くには決めないとダメ」ということを伝える**のが大切でしょう。小さなことでもいいので、自分で決めて行動し、経験を増やしていけば決断する自信もついていきます。

そして、**決定を尻込みする人の多くは、失敗した時の責任の取り方を知らないのでしょう。**ならば、それを教えてあげればいいのです。

「私が間違っていました」といさぎよく過ちを認めればすむ場合もあります。

「ごめんなさい。これから気をつけます」と謝罪しておさまる場合もあります。

汚名を返上するために、別のことで頑張ることもできるでしょう。

これは責任を取ることから逃げている人にも有効です。責任の取り方を教えつつ、責任の軽いものから徐々に責任の重いことをやってもらい、人から信頼される喜びを味わってもらうといいかもしれません。

どちらを選んでもたいした違いがないのに決められない人には「自分で決められないならサイコロで決めればいいよ。奇数ならA、偶数ならBだ」とサイコロをプレゼントするのも一興です。

優柔不断な人にイライラせず、責任の上手な取り方を教えてあげましょう。

決める力を、育てよう

どこに行っても
ひいきは
あるもの

龍には九匹の子どもがいるそうです。その一匹が贔屓《ひいき》。姿は亀に似て、重いものを背負うのが好きで、重ければ重いほど喜ぶという憎めないキャラ。神社仏閣で境内にある石碑を支えていることがあるので、探してみてください。

これに「怙《こ》（頼りになるもの）に依《よ》る」という意味の「依怙《えこ》」がついて「えこひいき」です。平等に扱うべきなのに、自分が支えたいと思うお気に入りの人や、一部の人だけの肩を持つことです。

平等を前提にしない状況なら、**自分によくしてくれる人や好感を持ってくれている人をえこひいきするのは当たり前**です。誰かからひいきしてもらいたければ、気に入られるようにふるまうこともあるでしょう。

身近な例では、好きな人と結婚するために「何をどう考え、どんな言い方をし、どう行動すれば好きになって（特別にひいきして）もらえるだろう」と努力した、かつての私のようなものです。

問題になるのは、平等に対応すべき人が、特別な人だけをえこひいきすることでしょう。国民を平等に扱うべき公務員が、一部の人をえこひいきすることはできません。役所の窓口係が、反りが合わないからといって、来た人を邪険に扱ってはいけないのです。

もちろん、役所でも利潤を追求する一般企業でも、内部で上司から目をかけられて親しくなれば、それが評価に影響することもあるでしょう。

一方、いくら仕事ができても、陰口を言う人や協調性がない人がひいきされない（信頼されない）のは、いずこも同じです。

しかし、あまりにも上司のえこひいきが激しく、正当な評価を受けられないと嘆くなら、〝アホな〟上司からも気に入られるようにふるまうか、転職するのもやむを得ないでしょう。

龍の子には吼《ほ》えるのが大好きな蒲牢《ほろう》もいますから、贔屓に対抗して、さらに上の上司に「あの人のひいきは目に余ります」と吼えるのもいいかもしれません。

私なら、**えこひいきをする上司からの正当な評価など、ハナから期待しないで仕事にはげむ**でしょう。その姿を陰から見てくれている人がいるものです。

ひいきに目くじらを立てない

空気を読まない人には大人の対応を

会話の途中で、場違いな発言をする人に困ったことはありませんか。仕事の打ち合わせ中にまったく関係のない話をしたり、飲み会でみんなが盛り上がってている時に水を差すようなことを言ったり……。そういう時のしらけた空気は寒々しいものです。

そんな時、**本人はそのことに気づいていないことが多いので、嫌な顔をせず、丁寧に教えてあげればいい**でしょう。

他人の話は上の空で聞く耳を持たず、自分の関心事を優先する結果、「今の話とは関係ないのですが」と前置きして話し始める人がいます。何でもいいからひとこと言って「我、ここにあり」とアピールしたいのでしょう。いわゆる自己中の人です。

立場が上の人なら話を聞くしかありませんから、話が終わったところで「関係ない話でも有意義でした。それでは、先ほどの話のつづきですが」と**早々に話題を戻せばいい**でしょう。

対等な立場や目下の人が「関係ないのですが」と言ったら、すぐに「関係ないなら、今言わなくていいよ。後でじっくり聞くから」と制止したいものです。

また、「中座させていただくので、先に申し上げておきますが」と自分の言い分だけ述べて満足そうな顔をしている人もいますが、これも困りものです。そんなことは、出席している誰かに伝言しておけばすむことです。私がその場にいれば、その人がいる間に「途中でお帰りになられる方もいらっしゃるようですが、私はこう思うのです」と皮肉交じりに発言するでしょう。

他にも、前の話の内容が心に引っかかって、そこから離れられず、「さっきの話ですが」と、すでに結論が出た話を蒸し返す人がいます。

そんな時に私がよく使うのは「あれ？　耳にタンポポの綿毛が入って、今の話、聞こえていませんでしたか？　話の流れは、すでに次に進んでいますが」です。冗談めいた言い方が通じなくて怒り出す人もいますが、先方が一息ついて落ちつくのを待って「先ほどは茶化すような物言いをして、失礼しました」と謝れば、だいたい丸くおさまります。

自己中な人のペースにのまれない

会議には会議の、飲み会には飲み会の方向性のようなものがあります。場違いな発言で方向性が乱れそうになったら、臨機応変に軌道修正しましょう。

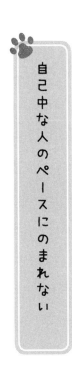

怒りっぽい人に困ったら

ありがたいことに、私の周りに怒りっぽい人はほとんどいません。私もあまり怒ったことがないので、類が友を呼んでいるのかもしれません。家内は「あなたは本当に、人に恵まれているのよ」と言います（言外に〝自分も含めて〟を含んでいるようですが）。

しかし、怒りっぽい人が周りにいて困っている人もいるでしょう。

仏教では、**私たちがネガティブな感情を抱くのは、ことごとく〝自分の都合通りにならない時〟と分析しています。**「苦＝都合通りにならないこと」です。見事な分析だと思います。

怒っている人は、自分の都合通りにならないことに怒っているのでしょう。子どもが駄々をこねているようなものですから、ある意味で可愛いのです。

ネガティブな感情（苦）をなくすには、二つの方法があります。

一つは、**希望を叶えてしまう**方法です。ラーメンが食べたければ食べればいいし、掃除機がけが面倒なら自動掃除機を買えばいいのです。一人で暮らすのが嫌なら、ルームシェアするか伴侶を探せばいいでしょう。

もう一つは仏教の手法で、**欲を少なくする**のです。ラーメンじゃなくてもいい、掃除も運動になるからやろう、一人暮らしも気をつかわずにすむからラクだなと思えば、苦そのものがなくなります。

怒りっぽい人も、その道理に気づいて不満や苦しみを減らせばいいと思うのですが、そんなことは学校では教えてもらえないので、なかなか気づきません。

しかし「怒りっぽい人は苦手」と思うのも、こちらの都合です。この都合を減らすのに最も効果的だと私が思うのは、居酒屋トーク。お酒を飲みながらストレスを発散させるのです。

ちょっとした工夫で悩みは消える

昔から「酒は憂いを払う箒《ほうき》」と言われます。被害にあっている人が居酒屋に集まって「あんなに怒りっぽい上司は、いずれ自滅するのは目に見えてるよ。かわいそうだねぇ」とグラスをからにし、「誰も注意してくれる人がいないんだから、気の毒だよねぇ」と杯を重ねれば、鬱憤《うっぷん》も晴れていきます。

怒りっぽい人が通りそうな場所に、可愛い動物のイラストを添えて「怒りっぽい人ほど『おかげさま』を言わない、感謝をしない」と書いた紙を、そっと貼っておく方法もあります。苦は楽しみながら乗り越えましょう。

格付け争いに
さよなら
しよう

本書のようなジャンルを、出版業界ではハウ・トゥ・エッセイと言うのだそうです。エッセイは軽い読み物という印象がありますが、誰が言ったか、「エッセイというのはつまるところ、『読者は知らないし、気づきもしないだろうけど、私は知っているし、わかっているのです』と、自分の趣味やセンスのよさを自慢げに述べているにすぎない」――この解説を知って、私は断筆しようと思ったほどでした。

ある意味で、エッセイは自分の優位性を示すために、文章によってマウンティングしているのかもしれません。

右の見事な分析を知ってからも私がエッセイを書きつづけているのには、理由があります。

それは、みなさんが考える暇もなく、学校でも教わらない〝ラクに人生を歩く方法〟を、仏教という土俵からお伝えできると思うからです。
私はこの「土俵」という考え方ができるようになってから、心がラクになりました。そして、人からマウンティングされて嫌な思いをしている人も、土俵という考え方を取り入れると、ラクになると思うのです。

マウンティングする人は、自分が優位に立ちたいために、誰彼かまわず自分の土俵にあげようとします。

恋人がいるという土俵、若さという土俵、仕事ができるという土俵など、自分が勝てる土俵に相手を引っぱりあげるのです。それに気づかずノコノコと相手の土俵にあがれば、負けるに決まっています。

ですから、**相手の土俵にのってはいけない**のです。

恋人がいるという土俵にあがらず、〝一人で気楽〟という土俵にいればいいのです。

若さなんていう土俵ではなく、〝三歳の翁、百歳の童子（幼い子でも知恵や分別を備えている者もいれば、年を取った老人で分別のない者もいる。人の思慮分別は年齢に関係ない）〟を旗印にした土俵にいればいいのです。

仕事ができるという土俵から離れて〝仕事よりお人柄〟という土俵で、堂々と自分磨きに精を出せばいいのです。

相手の土俵にのらない

負けが決まっている試合の土俵にはのらないほうがいいですよ。

過去の恨みはゴミ箱へ

いいことも悪いことも、過去に起こったことは、いまさら変更できないのは明白です。

ところが、**嫌なことがあった〝その時の自分の感情〟をいつまでも抱え込んでしまう**人がいます。自分にひどいことをした人への恨みが消えないのです。

「自分の不幸や苦しみを他の責任にしている人は、他を許さない。許してしまうと、自分の不幸や苦しみの原因が消えてしまうからだ。自分を縛っているのは他ではない。自分自身なのだ」（僧侶仲間の言葉ですが、出典はたぶんアドラーでしょう）

「あの人のせいで」「会社のせいで」と考えてしまう人に、この言葉は突き刺さるでしょう。**他人からどんな仕打ちを受けようと、それを現在の悩みとし、苦し**

みにしているのは、自分に他なりません。

昔、ある老僧が弟子二人と歩いていると、道に大きな水たまりがあり、手前で若い女性が困っていました。老僧は「お困りのようですな。わしがおぶって向こう側へ運んで差し上げましょう」と、彼女を背負って水たまりの中を歩き、無事に向こう側におろしました。

二人の弟子はあっけに取られながらも、あわてて後をついていきました。しばらく歩いていると老僧が、もじもじしている弟子に向かって「どうした？何か言いたいことでもあるのか」と問いかけました。

「はい、申し上げにくいのでございますが、我々は出家の身ですから、先ほどのように若い女性の体と接するのはよろしくないと存じますが」

すると、老僧は大笑いしながらこう言いました。

「なんじゃ、お前たちはまだあの娘を（心に）背負っておったのか。わしはとっくにおろしたぞ」

人への恨みが消えない時は「あんなひどいことをしたのには、きっと原因があったのだろう」「あの人はあれでいいと思ったのだ」など、**いったん相手に共感してみる**のです。こうすることで、過去に抱いた感情が〝今〟と切り離されていきます。起こった出来事は変えられませんが、その時に抱いた感情は今から変えられます。

かつて抱いたネガティブな感情は早くおろして、身も心も軽く、前に向かって歩いていきましょう。

心の荷物はすぐおろそう

人のお節介は優しさの表れ

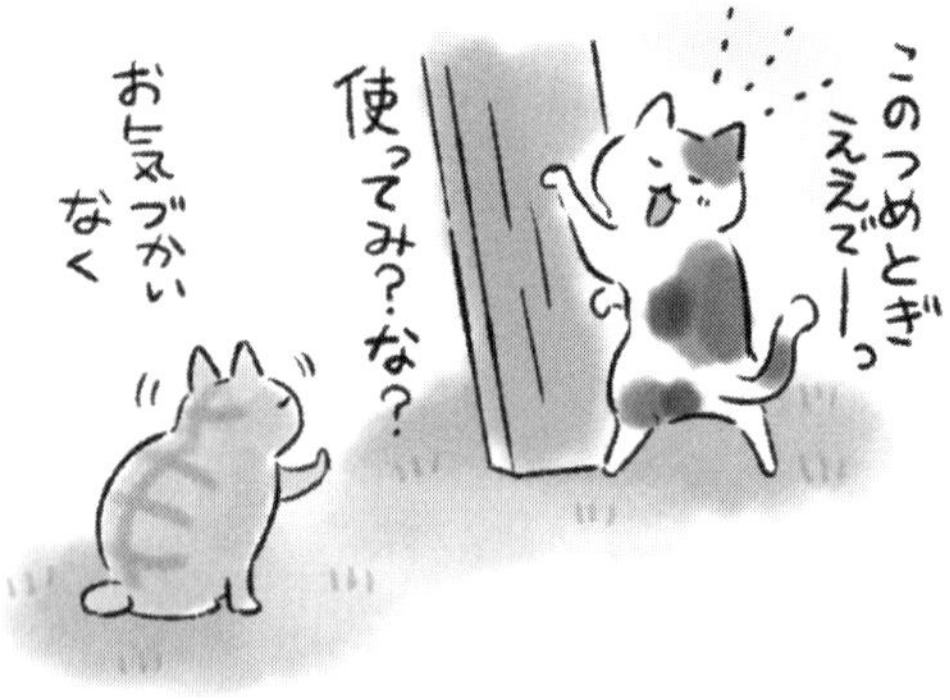

このつめとぎええでーっ
使ってみ？な？
お気づかいなく

他人の人生や生き方に「こうしろ」「ああしろ」と口を出してくるお節介な人は、どこにでもいるもの。そういう人に対して「私の人生はあなたの人生ではありません。私は自分の責任で生きているのですから、口を出さないでください」と言いたくなるかもしれません。

言うまでもありませんが、お節介な人は興味本位で言っているのではなく、自分の命令に従わせるのが本意でもありません。**その人はそれがよかれと思って言っている**のです。

なぜよかれと思っているかといえば、自分の経験からそのほうがいいと判断しているからです。

親をはじめとして、年長者は色々なことを乗り越えて生きてきた実績がありまず。「こういう時はこうしたほうがいい」「こんな時はこうしないほうがいい」という経験があります。ですから、それ以外の方法を取ろうとする人には、転ばぬ先の杖として「こうしたほうがいい」と言いたくなるのです。

小学生や中学生があなたと違うやり方をしようとすれば、「そうじゃなくて、こうするとうまくいくよ」と言いたくなるのと同じです。

ですから、あれこれ意見する人に腹を立てたり、イライラする必要はありません。何をどうするかはあなたが自由に決められるのですから、「ありがとう。参考にします」と言ってすませましょう。あなたにアドバイスというお節介をしたくなる人の心情を、どうぞ察してあげてください。嫌かもしれませんが、理解しようと努力してみてください。

仏教では慈悲（優しさ）と智恵（考える力）を両輪にして、悟りに向かうことをすすめます。

慈悲を言いかえれば「お節介」です。**お節介は優しさの表れで、人間関係の潤滑油になります。**そのお節介が〝大きなお世話〟にならないようにコントロールする力を、智恵と言うのです。

確かに、智恵が足りなくて、差し出がましい人もいます。そんな時はこちらが智恵を使って、「お心づかいをありがとうございます」と笑顔でお礼を言って、軽くスルーすればいいのです。

感謝して、受け流そう

長い自慢話は「いいこと探し」をしながら聞こう

子どもとお年寄りは、自慢話をしたがる傾向があります。聞いていてもつまらない自慢話をどうにかしてうまく聞きたかった私は、なぜ自慢話をするのか分析してみました。

子どもは小さいので、人生を歩くのを支えてくれる〝心の杖〟をまだ持っていません。親や友達など、自分以外のものにしか頼れないので、それらを自慢して、か細いながらも杖（アイデンティティ）にするのです。「うちのお父さんはすごくて……」「友達の友達が芸能人で……」という具合です。

大きくなって、スポーツや勉強、仕事など、自分でできることが多くなるとそれが杖になるので、ことさら自己アピールしなくても大丈夫になります。結果として、自慢話をする頻度は大幅に減るのです。

ところが**お年寄りになると、それまで自分を支えてきた健康や安定した収入、**

気力などの杖が細くなったり、あるいは折れたりします。そこで、かつて持っていた杖を持ち出して「昔は……」と自慢したくなるのです。

昔から、聞いていて気持ちのいい自慢話の双璧は、親自慢と故郷《ふるさと》自慢だと言われます。そこには感謝があるので、聞いている側も気持ちがいいのです。「こんな父（母）のおかげで今の私がいます」「故郷の山や川、人々の人情が私を育ててくれました」など、あたたかなムードで結ばれるのがいいのでしょう。

ですから、**「だから？」と言いたくなるようなお年寄りや上司の自慢話も、最後に感謝が加われば聞きやすくなります。**「私も若いころは色々なことを成し遂げたが、周りが助けてくれていたのだから、ありがたいよ」と言ってくれれば、「よかったですね」と共感しやすくなります。

それに気づかないまま年を取ると、折れそうになった杖の代わりに、化石のような杖の残骸を振り回すことになります。自分も若いころに年寄りの自慢話に辟易していたはずなのに、すっかり忘れてしまっているかのようです。

おすすめなのは、自慢話は最後まできれいに聞いて、「でも、そのおかげで今がおありなのですね」とまとめることです。そうすると自慢した人も「そうなんだよ」と言ってくれて、その場の雰囲気がほんわかします。

どうぞ、試してみてください。そして、あなたも自慢話を感謝で締めくくるのを忘れないでください。

自慢話は感謝で包もう

column

決めつけから自由になろう

お釈迦さまが説いた「諸行無常」とは「すべては変化するので、同じ状態はつづかない」ということ。ここから、「どんな物体も現象も変化してしまうので、不変の実体はない」という空《くう》の教えが導き出されます。

「実体がない」と聞くと否定的に感じるかもしれませんが、そうではありません。不変の実体がないので、変化できるということです。般若心経では「すべてが空であることを知って、あらゆるこだわりから離れれば、心が自由になれる」と説いていきます。

こだわりとは「そこから動かない」ということ。私は〝心の動脈硬化〟だと思っています。

「あの人はこういう人」「私はこういう人間」と決めつけても、あの人も私も空なので、不変の実体はありません。

嫌いな人でも、次に会う時は素敵な人になっているかもしれません。自分をダメな人間だと思っていても、努力すれば、半年後には立派な人になれるのです。

あなたがよりよく変われるのも、すべてが空だからです。

3章

人づきあいが楽しくなるコツ

初対面の人と打ちとけるコツ

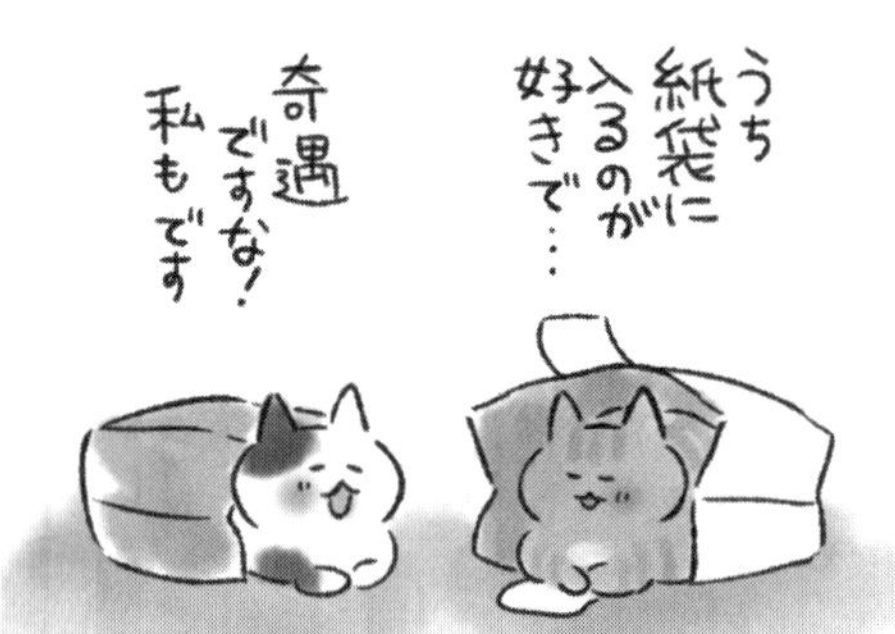
うち紙袋に入るのが好きで…
奇遇ですな！私もです

人生で何千回も経験する〝初対面〟の人との会話。何千回も機会があるのに、苦手意識を克服できない人がいます。そんな人は、**会話は自分の意見を言うためにあるのではなく、相手の話を引き出すためにある**と考えたほうがいいでしょう。

すでに相手の情報を持っているなら「初めまして。お会いするのを楽しみにしていました」と言えばいいでしょう。そう言われれば、私なら「私に会って何か確かめたいことがありましたか」と質問するでしょう。「いや、どんな方なのかと思って……」「そうですか。〝聞いて極楽、見て地獄〟の名取でございます」「地獄と極楽が同居しているんですね」……と会話がつづきます。

たまたま居合わせた初対面の人に話しかける時は、**互いの共通項を話題にすれば間違いありません。**「いいお天気ですね」「昨日はあたたかい日だったのに、今日は肌寒いくらいですね」など、同じ空の下で暮らしている私たちにとって、天気は最大公約数の手軽な話のきっかけです。

他にも、その場に来た交通手段を話題にするのもいいでしょう。この場合、まずは自分の情報を提供するのが礼儀です。

「私は電車とバスを乗り継いで来たのですが、どうやって来られたのですか」「歩いてきました」「えっ！　どこから歩いてきたのですか」「駅からです」「バスじゃなく？」「ええ、健康のために」と会話が無理なくつづきます。

仏教で説く慈悲は、相手との共通項に気づくことが土台になっています。そして、共通項は星の数ほどあります。

好きな料理、得意な料理、休日の過ごし方、髪型、趣味、行ってみたい所、二度と行きたくない所、思い出の食べ物、自分の宝物、最近読んだ本、マイブーム……。他にも、親自慢や故郷《ふるさと》自慢は誰にでも共通する話題です。

話題にはなりませんが、私が誰かと過ごす時に思っているのは〝あなたと私は、同じ日に、同じ星で生きているのですね。一緒ですね〟というものです。

仏教の合掌の形は「あなた（右手）と私（左手）は共通項を持っているのですね。一緒ですね」という意味です。

初対面の人には、「初めまして」と笑顔で挨拶することからスタートしましょう。小さなやりとりを重ねるうちに、苦手意識もなくなっていきます。

共通項で人とつながろう

気乗りしないお誘いは断ろう

私が三十代のころ、人づきあいのよかった先輩が、ある時期から飲み会やレジャー系の集まりに参加しなくなりました。

そのことに私は「最近つきあいが悪くなった」と陰口を言っていました。しかし、風の便《たよ》りに彼がカウンセリングの勉強を始め、様々な勉強会に出ていると聞いて、自分のいたらなさに気づきました。

私はそれまで、誘いがあれば行けるよう、自由な時間を確保しておくのに必死でした。しかし、私が呑気に人づきあいしている間に、先輩は今自分がやるべきこと、やりたいことに取り組んでいたのです。

ここから、私の日常が大きく変わりました。住職をしているお寺で写仏（仏さまの姿を描き写すこと）の会などを立ち上げ、駅の近くにあるライブハウスで声明《しょうみょう》（節付きのお経）のライブを行うことにしたのです。一ヵ月のうち半分は、何かしらの予定がある生活が始まりました。

おかげで、仲間からの様々な誘いを「ごめん。その日は写仏の日なんだ」「その日は声明ライブだから無理」と断ることになりました。先輩がカウンセリングの勉強をしていたように、私にもやるべきことができたので断らざるを得なくなったのです。

つきあいが悪くなったと私の陰口を言う人はいたでしょうが、**そんな人は放っておいて、私は自分の道を進むことを選んだのです。**

気乗りしない飲み会や会社のつきあいなどに誘われ、うまく断れないと悩む人も多いでしょう。そういう人は、**誘いを断ってまでやるべきことがないのが原因**です。他人が納得しなくても、自分を納得させるだけの大義名分がないから困るのです。それなら、大義名分をつくるのが近道。

「月に十本映画を観ることにしたので、今日はダメ」「一年で百冊の本を読む目標を立てたので、今日は遠慮しておきます」「今日は自宅でフルコースをつくって食べる予定で、食材も買ってしまったから、ごめん」

どうです。どんなことだって大義名分になり、誘いや頼まれごとを断る立派な理由になるのです。

周りに流されず、誘いや頼まれごとも必要ならば断って、自分のやるべきことに取り組めば、あなたの人生が確実に前に進んでいくでしょう。

したいことを見つけ、断り上手に

気取らず
つくらず
話しかけよう

会話がうまく弾まない、気のきいたことが言えない、場がしらけたら嫌だし……など、話すのが苦手とおっしゃる方がいます。

かつての私がそうでした。「お前と話していると話題がつづかない」とよく言われました。相手や物事に対する関心や興味がほとんどなかったのです。美味しい料理を食べたと聞くと、「美味しくてよかったね」で終わってしまいます。どこで、どんな料理を食べたかを気にしませんでした。

ある時、知り合いのアナウンサーに「新聞の記事を読んだ時に、書いていない裏側を考える練習をしてごらんなさい」とアドバイスをもらいました。

「芸能人の結婚式の記事があれば、披露宴会場のスタッフが、招待された芸能人の写真をどれほど撮りたいだろうと想像してごらんなさい。花が見頃になった公園の記事を読んだら、花の手入れをしている人の苦労や、花見客のおかげで交通渋滞に悩まされている周辺住人に思いをはせてみるのです」

この練習をしたおかげで、色々なことに関心や興味が持てるようになり、何を話せばいいのかと悩むことがなくなりました。話題が広がり、会話も弾むようになりました。

気のきいたことが言えなくても、テレビのコメンテーターになるわけではありませんから、気にすることはありません。あなたの人柄がそのまま出れば、それでいいのです。

話し方の基本は**「気取るな、つくるな、偉ぶるな」**です。たとえば、披露宴でスピーチをする来賓は肩書付きで紹介されるので、その肩書にふさわしい話をしようとします。気取って、普段と違う自分をつくろうとするからツマラナイ話になってしまうのです。

自然体とあいづちを大切に

自称〝しゃべり下手〟の人は、**あいづちを意識する**といいでしょう。あいづちを上手に打つと、相手がどんどんしゃべってくれるようになります（英会話を習っていたころ、私は英語のあいづち辞典を買って勉強したくらいです）。

あいづちのポイントは、①衝撃を受けた時の「へぇ！　そうなんですか」、②共感した時の「ああ、私もそう思います」、③感動した時の「いい話ですね」、④癒しを感じた時の「あはは」などです。

関心と興味を思いっきり広げて、普段使っている言葉でラクに話して、会話を楽しみましょう。

悪口に
うんざりしたら
一歩離れて

人が集まると、うわさ話や悪口が出ることもあります。そんな時、私は「おっ、始まった」と少しウキウキします。一つのことに関して自分が持っている情報はごくわずかですから、たとえ人の悪口でも、別の視点を知ることができれば、それは総合的な判断をする材料になるからです。

うわさ話や悪口を鵜呑みにするわけではありません。「なるほど、そういう視点もあるのか」と一歩下がって聞いています。そして必要があれば「でも、違う見方をしている人もいますよ」と口をはさみます。

悪口で盛り上がっている面々は、その場に異物が混入されたように一瞬しらけた雰囲気になりますが、その場には、悪口をミルフィーユのように重ねることにうんざりしている人が私以外にもいるはずだと一縷《いちる》の望みを託します。

もし、私が望むような公明正大な人がいなければ、仲間外れになっても仕方がないと覚悟しています。私は、多くの人に信頼されて、ラクに、素敵に生きている人たちを三人ほど知っていて、私もその仲間入りをしたいと思っているからです。彼らはみな、和《わ》して同《どう》じない勇気を持っています。

経験上、ネガティブトークに火がつく危険人数は、三人から五人くらいです。ですから、そのくらいの人数が集まった時は、**会話から一歩離れる準備をしてその場に臨みます。**もし、その場がいたたまれなくなれば、ハリケーンから避難するように「ちょっとトイレに行ってきます」か、電話がかかってきたフリをしてその場を離れます。戻ってきた時には、話題が変わっているものです。

そんな小賢しい真似をしたくない時は、「私はここに松杉《まつすぎ》を植える人間なので、席をはずします」と笑顔で言います。松や杉は同じ場所で長い時間かけないと育ちません。「松杉を植える」とは、そこでずっと暮らしていくという意味です。

長い間つきあわなければならない人の悪口を聞けば、その後もわだかまりを感じながらつきあわなければなりません。私はそんな生き方はしたくないので、その場から離れて、かたよった悪口は聞かないほうがいいと思うのです。

これらの方法は、対立やもめごとに巻き込まれた時にも有効です。ネガティブな会話の場に入ってしまったら、試してみてください。

悪口の嵐から避難しよう

叱る時は
ほめ言葉を
添えよう

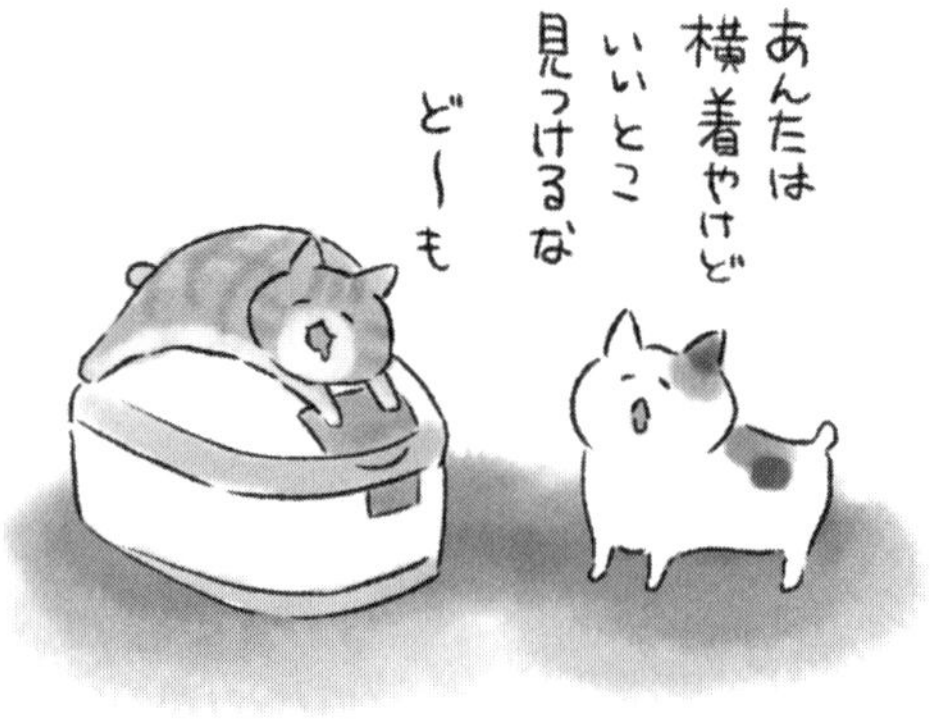
あんたは
横着やけど
いいとこ
見つけるな
ど～も

叱られると必要以上に落ち込み、ムッとし、キレるなどの反応をする人がいます。自分より経験を積んだ人が「そんなやり方でうまくいくはずがないじゃないか」と叱ると、〝上から目線だ〟とイラつくような人です。こうした打たれ弱い人は扱いづらく、上手に叱るのは難しいものでしょう。

ウェブで検索すれば、どんな叱り方をすればいいか、いくらでも情報が出てきそうですが、私は叱り方の極意を一つ知っていればいいと思います。

それは、古歌にある**〝可愛《かわい》くば　二《ふた》つ叱《しか》って　三《み》つ褒《ほ》めて　五《いつ》つ教《おし》えて　善《よ》き人《ひと》にせよ〟**です。

私たちは、**言いたいことを最後に言う**クセのようなものを持っています。言われたほうも、最後に言われたことが心に残ります。

仕事で人を紹介してもらう時、「この人は仕事はできるのですが、無類の酒好きなんです」と言われれば、「酒好き」が印象に残るので、使うのを躊躇《ちゅうちょ》します。しかし、語順が逆になって「この人は無類の酒好きなのですが、仕事はできます」ならば、使う気になります。

人を叱る時も、この法則を上手に利用します。**無理をしてでも、最後にほめ言葉を加えるのです。**「どうしてこんなことができないんだ。でも、人当たりのよさはずば抜けているからなぁ」「あなたは仕事はルーズだけど、スイーツに関しては社内で一ね」という具合です。

叱られた人も会話の最後にほめてもらえると、叱られたショックでふっとんでしまった〝素直さ〟がブーメランのように戻ってきます。そのタイミングで、「こうするといいと思う」と改善してほしいことを教えてあげれば、聞く耳を持ってくれるでしょう。

これが「可愛くば……」が言わんとするところです。叱る時だけでなく、普段から気づいた時に「よくやっているね」「笑顔がいいねぇ」などとほめるのもいいでしょう。

人の上に立つ上司たるもの、可愛くない部下にだって、そのくらいの対応ができる懐の深さ、心の余裕を持ちましょう。

今は部下の立場にいる人も、そんな上司になれるように、人をほめる練習を始めてください。日常生活でも、おおいに役に立つこと請け合いです。

ほめ言葉で人間関係をスムーズに

女らしさ、男らしさも変わるもの

「女（男）は女（男）らしく」と一口に言っても、それぞれの人が抱くイメージは違います。それでも「～らしい」という言葉を使って価値観を共有し、仲良く暮らそうとするのは、島国の日本ならではの国民性なのかもしれません。

そこに仏教が、空《くう》の教えで異議を唱えます。

空とは「すべてのものに、変化しない固有の実体はない」という教えです。これを踏まえると、**不変の「女らしさ」などはない**のがよくわかります。

なぜなら、すべてのものは縁によって今、仮にそうなっているだけで、別の縁が加わったり、減ったりすれば、別のものになるからです。本書も「投げる」という縁を加えれば武器になります。

時代により、国によって「女らしさ」の定義は異なります。自分にしか定義づけできない「私らしさ」も、時や状況とともに変わっていくでしょう。

このように、すべてのものは変化してやまず、同じ状態はつづかないのに、**「これはこういうものだ」とレッテルを貼るのは、ただのこだわりです。**坊主の私に言わせれば〝レッテル、貼ってる、迷ってる〟状態です。

こだわるというのは「その場所から動かない」という意味です。周囲に素晴らしい考え方や世界がたくさんあるのに、何かにこだわって一ヵ所に留まれば、外の世界を知ることも体験することもできません。

「こだわりの〜」に〝一つのことを究める〟というプラスのニュアンスが加わったのは、ごく最近のことです。多くの国語辞典では今でも「つまらないことにとらわれている」という意味が最初に出てきます。

「女(男)らしさ」にこだわっている人から「女(男)らしくない」というレッテルを貼られて不快になるのは、あなたが一つの価値観にとらわれない広い心を持っているからかもしれません。その不快な感情にしても、いつまでもつづくものではありませんから、広い心で「この人はレッテルを貼って物事を固定化して安心するタイプなのだな」と思って、「そんなレッテルを貼るなんて、あなたらしくないですね」と笑うなどして、上手に対処しましょう。

広い心を持つためには、「昨日の私と今日の私は、経験値も生まれてからの日数も違う私」と心得て、自分も含めて、すべてのものの変化を楽しむ練習を欠かさないことです。そうすれば、年を取るのだって楽しめるでしょう。

レッテルにとらわれない

ケンカしたら
心の垣根を
飛び越えて

誰でもケンカした後は気まずいもの。家族同士なら翌朝は何もなかったように過ごせても、他人だとそうはいきません。

これは〝心の垣根〟が関係しているのではないかと思っています。心の垣根とは、文字通り私たちが心の中に幾重《いくえ》にも張っている垣根のこと。

その垣根の一番内側にいるのが家族です。弱音を吐こうが、八つ当たりしようが気心が知れているので、その場は険悪になっても翌朝は忘れたように「おはよう」と言えます。私の場合は、両親や姉、兄、子どもたちがここに入ります。残念ながら家内は入りません。ケンカすると三日くらい口を聞いてくれないからです。

次の垣根にいるのは、私のことを理解しようとしてくれる人（同意してくれるとは限りません）です。私にとっては家内や、学生時代の友人たちです。

その次の垣根には、仕事で関わっている人や近所の人などが入っています。

ケンカすると、相手が一つ外側の垣根に移動して自分から遠ざかってしまうので、気まずくなって、素直に謝れなくなってしまうのでしょう。

謝って仲直りをするには、もう一度内側の垣根に呼び戻す必要があります。そのためには、**その人との共通項を改めて考えてみる**のです。〝意見は違うけれど、自分の主張を持っている点は共通している〟〝今まで色々な時間を過ごし、同じことを体験してきた〟などを思い出すと、その人が内側の垣根に移動してくれます。そうすれば「謝ろう」という気持ちもわいてきます。

その他に、共通の友人に仲介してもらって、謝る方法もあります。

ケンカ相手と仲がいい人に、それとなく「私が悪かったんだ」「申し訳ないと思っているんだ」と伝えるのです（くれぐれもその言葉の後に「でも、あの人もいけないんだ」なんてつけ加えてはいけません。仲直りが目的なのであって、公平なジャッジをしてもらうのが目的ではないのですから)。

すると、ほどなくその話が相手の耳に入って心の氷がとければ、相手の垣根の一部が開放されて、あなたを受け入れやすくなります。

ケンカした後の仲直りも大切ですが、そもそもケンカしないようにしたいもの。江戸時代のヤクザの、ある大親分は「ケンカする奴は、バカって看板を出しているようなものだ。つまらねぇから、やめておけ」と言ったそうですよ。

人づてに謝るのもOK

年下の人のふるまいにムカッとしたら

「子ども叱るな、来た道じゃ。年寄り笑うな、行く道じゃ」は、年下の人や年長者を批判的に見てしまった時に、昔の自分と将来の自分に置きかえて考え直し、心をおだやかにするために覚えておくといい言葉です。

相手の立場に立って考えることを、仏教では**「同事《どうじ》」**と言います。他人と心の距離が離れていると、関係がギクシャクして心おだやかな境地に近づけません。同事は、離れている心と心にかける橋の役目をします。

職場やプライベートで年下の人と接する時、馴れ馴れしい態度にムカッとすることもあるでしょう。そんな時は、自分の若いころを思い出してください。

「馴れ馴れしい」と「親しみ」の境界線はとても曖昧で、私も苦い経験があります。私が渡辺さんという人に初めて会った時、みんなが「なべちゃん」と呼んでいるので、親しみを込めて「なべちゃん」と呼んだら、なべちゃんの眉間に十字のシワができました。このように、私たちは失敗しながら人生を歩く訓練をしてきたのですから、訓練中の人にも大きな心で接したいものです。

偉そうにしている年下に接する時も、年上の貫禄の見せどころです。偉そうにしているのには、それなりの理由があります。中二病の特徴とされる「やろうと思えば私だってできますが、やらないだけです」的な言葉にいちいち過剰反応しなくてもいいのです。「偉そうだな。それでは、できた時に改めてほめてあげるよ」と受け流して、こちらはやるべきことをやっていればいいでしょう。

たとえ井の中の蛙《かわず》でも、井戸の中にも月の光は射し込みますし、花も散り、四季折々の様子を感じることができます。それなりに完結した世界なのです。**年下の人は、井戸の外にどんなに厳しく、美しい世界があるのかをまだ知らないので**

すから、自分の世界からものを言うのは仕方ありません。こちらは井戸の中をのぞいて「おーい、頑張れよ～」と応援していればいいのです。

言うこと、やること、考えることに歯がゆさを覚える若者への対応もしかり。懐を深くして受け入れていきましょう。

大きな器をつくるには時間がかかります。年下の言動にいちいちムカッとしている自分こそ、人としての器がまだ小さいのだなぁと思って、多くの価値観を受け入れても余りある、大きな器をつくっていこうではありませんか。

大らかに見守る器を育てよう

頼み方にもコツがある

人に仕事や用事を頼んだのに、やってもらえないのは困りものです。

「これをやって」と言っても生返事。やってくれるのか、くれないのか、いつまでにやってくれるのかさえわからないような始末。

ついに堪忍袋の緒が切れて「どうしてやってくれないの！」と怒ると、相手との間に気まずい空気が流れることも。

このようなやりとりをくり返すと、雰囲気が悪くなるだけでなく、相手との関係にヒビが入ってしまうかもしれません。

この問題解決の糸口は、実は自分が発した「どうしてやってくれないの！」にあります。

「どうして」は疑問文です。なぜ、やってくれないのか――そうです、**相手がやらないのには何か理由があるはず**です。

今は他にやりたいことがあるからできない、別の人がやればいいと思っている、急いでやる理由がわからないから放っておく、とにかく嫌だ、などです。

依頼主が納得するかは別にして、やらない(やれない)理由はたくさんあります。

その理由を理解しようとすれば、イライラがつのるのにブレーキがかけられるでしょう。

しかし、相手のやりたくない理由が理解できても、それでもやってもらわないと困る場合は、どうすればいいのでしょうか。

私たちは**目標があれば我慢できる**ことは、55ページでお伝えしました。

「この資料作成は、仕事のスキルアップになるよ」「部屋を片づけたら、おやつをあげます」など、目標を目の前にぶら下げるのもいいでしょう。

「洗濯物を片づけてから料理すると、食べる時間が遅くなるから手伝って」と言えば、我慢してでもやってあげようという気になります。

幸せな家庭をつくるため、いい夫婦でいるため、職場のみんなが気持ちよく過ごせるようになど、目標は大きくてもかまいません。

くり返しになりますが、相手が言うことを聞かないのには、それなりの理由があるのです。そして、目標があれば我慢できます。この二つを知っていると、人への頼みごとはとてもラクになりますよ。

「理由」と「目標」で頼み上手に

column

〝欲〟との上手なつきあい方

お釈迦さまは言います。

「多くを願えば、悩みも多くなります。たとえ大木でも、たくさんの鳥の棲家《すみか》になれば、枝が折れ、枯れることさえあります。多くの願いは、多くの鳥と同じなのです。欲から離れるには、一人静かな時間を持ち、自分の欲について考えなさい」

欲の多くは「ほしい」という願いでしょう。その欲を野放しにすれば、部屋は物であふれ、収拾がつきません。地位や財産、人からの評価を求めれば、たとえそれを手にしても、次はそれを失うのが怖くなります。

「断・捨・離」は、物や人間関係のことだけではなく、そのもとにある「欲」を断じ、捨て、離れていたほうが心おだやかに生きられるという金言でもあります。

現実の生活で欲をなくすのは難しいでしょう。そこで仏教は「少欲知足《しょうよくちそく》」を説きます。「これさえあればいい」と満足することを知り、欲を少なくしていけば、ラクに生きられるようになるものです。

4章

心地いい関係のつくり方

気が合わない人には心の緩衝材を持とう

どうしても反りが合わない、気が合わない人がいたら、仕事の場合はともかくとして、プライベートなら距離をおいたほうがいいでしょう。

極端な例ですが、私は邪悪な心の持ち主と同じ場所、時間を共有しなければならない時は、物理的にも精神的にも距離をおくようにしています。大人ですから、相手を無視したり、あからさまな嫌がらせはしません。「おはよう」「こんにちは」「お元気そうですね」くらいの社交辞令は笑顔でこなします。

きっと相手は〝口は笑っているが、目が笑っていない〟と感づいているでしょうが、仕方ありません。口も目も笑っていれば、好意を持っていると勘違いされてしまいます。周囲からも彼の仲間だと思われ、後から誤解を解くのにいらぬ労力を費やすことになります。

このように、プライベートでは苦手な人ともある程度距離をおくことができますが、仕事で気が合わない人とどうしてもつきあわなくてはならない場合はつらいでしょう。仕事関係なら露骨に嫌な顔もできません。

こういう場合、私は**相手との間に心の緩衝材を設けます。**相手にくっつきすぎない心の距離を保ちながら、妥協点をさぐるのです。考え方が合わず気になる時も、一歩引いて相手の立場を考えてみれば「まぁ、そういう考え方もあるかもしれない」と冷静になれます。

反りが合わないのは、性格や行動パターンが逆なのでしょう。神経質で完璧主義vsチャランポラン、真面目vsひょうきん、前向きvs後ろ向き、仕事が遅いvs速いなどです。

相手には相手の、こちらにはこちらの生き方があります。いわば、**互いの〝都合〟や〝わがまま〟がぶつかっているのですから、どちらか一方が一歩ゆずるしかありません。**

強者が弱者をいたわるように、「あなたに同意はしませんが、この場はあなたに合わせましょう」と思って、譲歩するのです。

そうすることでしんどさは少なくなり、やがて、わざわざ相手の立場に立たなくても「まっ、いいか」と変幻自在に対応できるようになります。

どうぞ、練習してみてください。できないことをやってみるのを「練習」と言うのですから。

ゆずる心が負担を減らす

しつこい人には
線を引こう

メールやＬＩＮＥ、ＳＮＳでのやりとりがなかなか終わらない人がいます。夜遅くに連絡が来たり、返信が来ないと文句を言われ、困っている人もいるでしょう。

こういう人は**「あなたと私は特別な関係」と一方的に思い込んで、「私との関係を大切にして！」というビームを出しつづけてきます。**自立している人がそれぞれバラエティ豊かなネットワークを持って生きていることが見えなくなるようです。

優しい人は、こういう困った人をどう扱っていいかわからず、傷つけるのも忍びないので、仕方なく調子を合わせます。すると、相手は自分が依存していることに気づかず、ますますべたべたとつきまとうようになります。

そうなった時でも、かわいそうだからとその人と接触しつづけるのは、相手のためになりませんし、自分の生活もままならなくなります。

「私は私でやりたいこと、やるべきことがあります」ときっぱりアピールして距離をおくほうが、自他ともによい方向に向かえるでしょう。

私はメールで人生相談を受けた時、早い段階で「あなたが早く悩みを解決して、私にメールをしなくても（私に依存しなくても）笑顔でいられるようになるといいですね」と伝えます。相手が依存症におちいるのを防ぐのが目的です。

私への依存度が高い相談者の場合、私が公開ブログでそれとなく相談者にふれるのを期待しているのがわかるので、相談者がらみのことは一切アップしません。相談者との関わりは一日のうち、ほんの五分程度のことだからです。

こういう人は、「私とあなたは特別な関係」だと思っているので、ブログの感想も個人あてに送ってくれます。しかし、私は「感想は、誰でも読めるブログのコメント欄へお願いします」とつれない態度で対応します。

冷たいと思われるのは承知の上です。冷たいのではなく、**自立した大人として、ごく普通に距離を取っている**だけです。

自分に依存していると思われる人と距離をおくことを、冷たいなんて思わなくていいですよ。

自立した大人のつきあいを

「わかる、わかる」と連発する人に気をつけて

人によって言動を変え、みんなにいい顔をする人がいます。部下の悪口を言う上司に「わかります」と対応し、その上司の悪口を言う人にも「わかる、わかる」とうなずく、カメレオンのような人です。

なぜ、そんな態度を取るかを推察してみると、その場さえしのげればいいと思っている人が多い気がします。本当は体を二つにして別々の立場に身を置きたいのでしょうが、それが叶わぬ生身の悲しさ。人によって言うことを違《たが》えれば、近い将来信頼を失うことはわかっているのに、その場の居心地のよさを優先させてしまうのかもしれません。

また、「わかります」という日本語の厄介さが、この問題をさらに複雑にしています。英語なら understand（理解する）と agree（同意する）は別です。「その内容はわかるけど、同意しない」という用法が成り立つのです。ところが、**日**

本語の「わかる」は理解・同意・賛成を同時に意味することがあります。

「これやりたいんだけど」「ああ、よくわかるよ」「なら一緒にやろうよ」「嫌だ」「どうして？　わかるって言ったじゃないか」「やりたいのはわかるけど、やらないほうがいいと思う。わかるけど、同意するわけじゃないんだ」というところまで話さないと、お互いの考えが伝わらないのです。

違う立場の双方に「わかります」と言っている人の中には、同じ言葉で理解と同意を使いわけている、ややこしい人間がいることも知っておくといいでしょう。

では、そういう人が信頼できるかどうかをどう判断すればいいのでしょう。
一つ目のキーワードは**「損得」**です。損得で動く人は、自分が損になることはせず、得なことしかしません。人からの信頼より自分が得することを優先するので、人を裏切ることなど平気です。

二つ目のキーワードは**「自分に正直」**。自分に正直な人は「人によって態度を変えて自分の立場をよくするのは当然。それのどこが悪いの？」と、とことん正直です。人の信頼に応えようとする〝誠実さ〟より、〝自分の心に正直であること（つまり、わがまま）〟を優先させているので、信頼に応えてくれる保証はどこにもないでしょう。

もし「損得で動く」と「自分に正直」をダブルで備えている人がいたら、その人からはなるべく離れておいたほうが無難ですよ。

本当に信用できるか、見極めよう

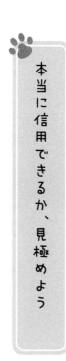

忘れられない
思い出は
そのままで

気になっていることは、「どうして気になるのか」「気にするほどのことなのか」「気にすることで自分はラクになるのか」などを明らかにしていけば、気にしなくてすむようになります。

しかし、忘れたいけど忘れられないことは、自分の心をどんなに分析してみても、消えるものではありません。

別れた恋人のことが忘れられず、新しい恋愛に踏み出せないと悩んでいる人がいます。ことあるごとに思い出していれば、「逃した魚は大きい」の通り、いい思い出はもちろん、ささいなことや嫌な思い出も美化したくなります。そんな妄想は、もうそろそろ、やめましょう。

忘れられないのですから、いっそのこと開き直って、忘れなくてもいいとしませんか。

前の恋人のことが頭から離れない人は、新しい恋人ができたとしても、前の恋人のことを思い出して今の恋人に失礼だと思うのかもしれません。しかし、元恋人のことも、その人と過ごした時間のことも黙っていればいいのです。

「恋人には、いいことも悪いことも話して、隠しごとはしたくない」などと、甘いことを言っている場合ではありません。そんな考えは早々に捨てたほうがいいでしょう。隠しごとがない人など、めったにいるものではありません。

歌や物語の中にしかない〝本当の愛〟の名のもとに、洗いざらい全部をさらけ出すのはバカげています。

嘘はないほうがいいでしょう。だからといって、本当のことを言わなくてもいいのです。

「本当のことを言って！」と新恋人が言うようなら、人差し指をメトロノームの振り子のように振って「悪いことは言わないから、本当のことを知ろうなんて思わないほうが身のためだよ。大丈夫、あなたが好きよ。それだけでいいじゃない」としらばっくれましょう。相手が隠していることまで無理矢理聞き出そうとするのは、いびつな愛の形です。

元恋人との思い出は、終わった時の状態で、美化することなく心の格納庫にしまっておきましょう。そして「さあ、次の恋、来い！」と顔を上げて、笑顔で進んでいきましょう。

大切な過去は胸に秘めて

浮気に心惑わされたら

結婚している人の浮気は裏切りですが、結婚前のおつきあいの段階で、他の人に恋心を抱くのは浮気になるのでしょうか。私はそう思いません。

「つきあっている間は他の人に関心を向けない、お互いのことだけを考える」というのが二人の共通認識なら、浮気や二股は裏切りでしょう。しかし、つきあっている間は、互いが相手の人柄をさぐっている状態。別の人に関心が移っても、それは仕方がないと思うのです。

おつきあいの定義は人それぞれで、心にあるすべての矢印を一人の恋人に向けようと覚悟できるまでの期間を〝つきあっている〟と考える人もいるそうです。そういう人にとっては、**つきあっている間に心の矢印があちこち向いても仕方がない**のです。他の人に気持ちが向き、そちらを選んだというのも、自分に正直な選択と言えるでしょう。

しかし、そう考えられずに、一時の気の迷いで浮気をしてしまい、後ろめたい気持ちでいっぱいになるなら、前項でもお伝えした通り、浮気については誰にも言わずに心に秘め、お墓まで持っていく覚悟をすればいいのです。

浮気してしまったことを、とんでもない裏切りをしてしまったと後悔したら、**人生を歩く丈夫な杖を手にするチャンス**です。

それは、裏切り、裏切られることがどんなに切なく、悲しいことかわかったことで、「人を裏切らず、信頼を大切にしよう」と決意する杖です。

私は「人は状況が変われば裏切るのも当たり前」だと思っています。変化の内容も様々です。時間が経って思いが風化したり、馴れもあります。ないものねだりをして、つきあっている人にない個性に惹かれることも、思いもよらない人から愛を告白されることもあるでしょう。

こうした変化があるので、**人を裏切ることは、ある意味で当たり前です。**しかし、当たり前の流れに流されないからこそ、人を信じ、信じてもらえることが貴重なのです。同時に、信頼はラクな生き方をするための土台にもなります。

浮気をしてしまった人、された人はつらい日々がつづきますが、「半年後、一年後、三年後には、これをラクな心で人に言えるようになってやるぞ」と思いつつ、一方で〝信頼を大切にする〟という心の土台をつくっていきましょう。

どんな経験も学びにしよう

時には
縁を切ることも
大切

実生活での人づきあいは、ウェブ上でのつきあいとは比較にならないほど、あたたかく、愉快で、自分の世界を広げてくれます。しかし、状況や相手によっては、わずらわしいものにもなります。

出かけようと思ったらお客さんが来た、昼寝をしようとしたら電話がかかってきたなど、したいことがあるのに、それを我慢して対応するのは面倒でしょう。お互いさまと割りきって、自分の都合をひっこめてどうにかできるならいいのですが、相手があまりにもこちらの都合を考えない場合は、自己主張も必要です。堂々と時計を見ながら「ごめんなさい。これから出かけるので」と断るなり、「今は時間がないから、後でかけ直します」と電話を切るなりして対応しましょう。

わずらわしさを感じる人にまでいい顔をしなくてもいいのです。私たちは全員から好かれることも、嫌われることもありません。

好意を持ってくれる人が多いほど、ラクに暮らしていけますが、仲のいい人は五人もいれば十分でしょう。

また、あまり縁を持ちたくない人なのに、向こうから媚びるように「たいしたものですね」「素敵ですね」と近づいてくる人もいるでしょう。それは、あなたが魅力的だからです。その魅力は、頼りになる、見た目がいい、お金持ち、有名など様々です。

そんな人につきまとわれて面倒になったら、「素敵ですよね」「すごいですよ」などのお世辞に対して、「私が素敵に見えるとしたら、それは私が自分一人の時間を大切にして、人に媚びない生き方をしているからです」と諭してあげたいもの。それでもわからない人には、嫌われる勇気を持って、そっけない態度を取るのもやむを得ません。

そんなあなたに相手は怒るかもしれません。しかし、そういう人につきあいつづけて「しんどい」とストレスを抱えるのも、よくありません。

縁は大切ですが、時には断ち切る勇気も持ちましょう。縁を持ちつづけるより、つながっていた縁を切って終わりにすることが大切な場合もあるのです。

みんなに好かれなくてもいい

夫婦のすれ違いは「幸せ会議」で解消しよう

会話はキャッチボールです。キャッチボールの基本は、**相手が受け取りやすい球を投げること**。相手が取りにくい剛速球や変化球を投げてはいけません。

妻が夫に言う「忙しそうね」は、私に言わせれば変化球。妻がその言葉に託した「もっと家族を大切にして」という気持ちをうまく受け取って「そういえば最近一緒に出かけてないから、週末はどこかへ行こう」と返したいところですが、言葉をそのまま受け取って「うん、忙しいんだ」と剛速球を投げ返してしまうと、妻はムッとするでしょう（世の夫を代表して、お詫びします）。

慈悲の土台は**「相手との共通点に気づくこと」**だとすでにお伝えしました。結婚前は、同じ時間、同じ場所、同じ体験を共有して二人の絆を深めていきます。私は結婚する前、テニスが趣味だった家内との共通項を増やすために、内緒でテニス教室に通ったくらいです。

「あなたと私は一緒」という土台の上に築かれる関係性は、結婚してからも変わりません。多くの女性はそれを知っているので、「仕事どうだった?」「今日、こんなことがあったよ」と夫との共通項をつくろうとして、受け取りやすい球を投げてくれます。

ところが、夫のほうはかつての「一緒に」はどこへやら、徐々につれなくなっていきます。結婚は責任が伴うので、会社でもそれをあてにして重要な仕事を任せます。年齢を重ねてキャリアも積むので、やるべき仕事も増えていくでしょう。守るべき家庭と仕事の両立は人生で初の経験ですから、うまく対応できずに、二人の仲が一時期ギクシャクするのは仕方ありません。

それを立て直すために、自信を持ってお伝えできる方法は一つです。

結婚の目標は「二人で幸せになる」だったはず。その目標を共有して、結婚したのです。ところが、目標にどうやってたどり着くのかまでは話し合っていません。結婚生活の中でどんなことが起こり、どう対応するのか、当初は想像すらできないからです。結婚する前にそこまで話し合うのは不可能です。

ですから、夫婦の間で幸せの目指し方に違いが出始めたら、今一度**「ここからどうやって〝二人で幸せになる〟という目標に向かうのか」について話しましょう。**その時も剛速球や変化球ではなく、相手が受け取りやすい球を投げ合ってください。そうすれば同じ目標に向かって、再び二人三脚で進んでいけるでしょう。

一緒に幸せに向かおう

親戚づきあいは人生のセーフティネット

親戚とは、こんがらがった糸のようなものです。こんがらがっているからこそよく、うっとうしいからとほどけば、バラバラになってしまいます。一度バラバラになれば、再び縒《よ》り合わせるのは容易ではありません。

「親戚づきあいがうっとうしい」などという時に使われる「柵《しがらみ》」は、もともと水の勢いを弱めるために、川の中に一定の間隔で杭《くい》を打ち込んで藁《わら》や竹などをからみつけたものです。流れ去るものを止める力を持っています。

自分のことにかまけて親戚づきあいをおろそかにしていると、社会や時代の激流にのまれた時、誰も助けてくれません。しかし、親戚との関わりを大切にしていれば、何かあった時に助けてもらえるでしょう。**親戚とは、激流の中の柵のような存在**なのです。

親戚の縁は、両親や祖父母にさかのぼる血縁だけでなく、それぞれの伴侶や家族が何代にもわたって積み重ねてきたので強力です。

友人や同僚などの縁が平面的な広がりだとすれば、親戚の縁は一代では築けない時間軸と血縁を加えた、ピラミッドのような重層構造をしています。

私には叔父叔母が十五人、従兄弟は三十三人います。私は次男ですが、叔父や叔母のお葬式には「父や母がお世話になりました。私も可愛がってくれてありがとうございました」と遺影に向かって頭を下げ、合掌してお焼香します。

親戚が集まった時の何よりの楽しみは、父や母の話を聞くことです。無愛想だと思っていた父が気づかい名人だったこと、その父からもらった百通以上のラブレターが、ささいな夫婦ゲンカによって結婚後数ヵ月で母に燃やされたことなど、私が生まれる前のことも含めて、知らない話ばかりです。

私の知らない父や母のエピソードを聞くことで、私の中の両親の生命《いのち》が大きくなります。そして、**そんな親に育てられた私の生命にも、かけがえのなさや大きさを感じ、自信が持てるようになります。**

親戚づきあいが生じるのは、大人になってからの二、三十年がいいところ。親戚たちが紡いできた何百年に比べれば、短いものです。親戚づきあいがうっとうしいという個人的な考えで親戚の輪から抜けるのは、下の代に気の毒です。歴史あるピラミッド構造のような親戚関係を、その一翼を担《にな》う者として、笑顔で支えていきましょう。

世代を超えた縁をつないで

めぐりゆく縁を大切に

雨の降りはじめ。池の水面のあちらに雨粒が一つ、こちらに一つ、波紋が生まれます。それが広がって、別の雨粒がつくり出した波紋と交差していきます。

私は、広がっていく波紋が自分を中心にした人間関係のように思えて、人生の面白さを感じるので、雨が好きです。

自分の波紋が、他の人の波紋と次々に交差し、共有部分が生まれます。これが他の人とのつながりです。共有部分をつくり出す波は、いつまでも形を保っているわけではありません。私たちが出会う人たちとのつながりも、いつまでも持続することはありません。

結婚して子どもができれば、波が小さくなって独身の人とは話が合わなくなります。お年寄りはいくつか病気を抱えていないと、他のお年寄りの輪に加われません。

かつて仲が良かった人とも、疎遠になっていくのは仕方がないのです。

疎遠になっていく人がいる一方で、新しい仲間が次から次に現れます。新たな共有部分を持った人たちです。その数は膨大になりますから、全員と関係を保ちつづけるのは不可能です。〝会うは別れの始まり〟と言われるゆえんです。

仲のいい人三十人と月に一度ずつ会えば、それで一ヵ月は終わります。毎月その人たちと一回ずつ会っているうちに、一年があっという間に過ぎていきます。新しい人が加わる余地はありません。

しかし、生きていれば、次々に仲良くなる人が増えていくのですから、会えなくなる人、疎遠になる人が出てくるのはやむを得ません。

仲が良かった人と疎遠になることをさみしく思うのは無理もありませんが、縁をつなげたければ、勇気を出して「最近どう？　お茶でもしない？」とこちらから連絡すればすむことです。もちろん、その分だけ会えない人は増えます。

「なくしたものを嘆くより、今あるものを大切に」は、覚えておくとためになる言葉です。「なくしたもの」は、「亡くした者」でも「無くした物」でもかまいません。私はこの言葉で、どれほど人生を振り返らず進んでこられたでしょう。

古きよき時代（good old days）を懐かしむのではなく、〝今〟と〝これから〟の日々（brand new days）を楽しみにしましょう。

過去より今を楽しもう

おわりに

お寺で檀家や信者さんとお経をお唱えする時、笑顔で過ごすための真言(呪文)を最後に唱えます。

「オン、ニコニコ、ハラタテマイゾヤ、ソワカ」

〝にこにこして、腹を立てないぞ〟という日本語が入っているので、これは嘘の真言です。しかし、みなさん笑顔でお帰りになるのですから、呪文としての効果はあります。

ある時、参加者の一人がおっしゃいました。

「私は腹を立てずに、にこにこしていたいのです。でも、私を怒らせる人がいるんです。私は頑張って笑顔でいようとしているのに、私を怒らせる人を放っておくのは不公平だと思うんです」

自分だけ我慢して、怒らせた人が報いを受けないのが納得できないのだそうです。

七十二歳で亡くなった私の師僧(父)は「つじつまは、合いの目、長い目、仏の目」と晩年に書き残しました。

一見、理不尽だと思えるようなことも、仏さまのような大きな心で、目先にとらわれずに長い目で見れば、物事はつじつまが合っているというのです。私もそう思います。

自分を怒らせる人は、いつかどこかでしっぺ返しを受けます。こちらが責任を取らせなくても、本人がつじつまを合わせることになります。ですから放っておけばいいのです。その間に、こちらは自分の心をせっせと磨いていきましょう——これが仏教の考え方で、今まで書いた私の本は、ほぼこうしたアプローチをしていました。

しかし、自分を悩ませる相手をどうにかしなければならない場合もあるでしょう。そこで、本書のいくつかの項目では、具体的に「相手を変える」方法を提示しました。自分を悩ませる人のことは放って、自分磨きをしている私にとって初めての試みでした。自分がいたずらっこになった気がして、正直なところ、少しウキウキして書きました。

末筆ながら、今回、思い込みの強い私の文書に終始寄り添い、親切、懇切丁寧に、直接、間接、適切なアドバイスをしていただいたリベラル社の渡辺靖子さんに深甚の感謝を申し上げます。ありがとうございました（こうやって感謝をすると、やはり心がラクになりますね）。

合掌　名取芳彦

[著者プロフィール]

名取芳彦（なとり ほうげん）

1958年、東京都江戸川区小岩生まれ。密蔵院住職。真言宗豊山派布教研究所研究員。豊山流大師講（ご詠歌）詠匠。写仏・ご詠歌・法話・読経など、幅広い活動をしている。日常を仏教で加減乗除する切り口が好評。主な著書に『気にしない練習』『小さな改善』『般若心経、心の「大そうじ」』（以上、三笠書房）、『心がすっきりかるくなる般若心経』（永岡書店）、『空海 人生お遍路』（幻冬舎）など、ベストセラーやロングセラーが多数ある。

元結《もっとい》不動　密蔵院

東京都江戸川区鹿骨4-2-3

もっとい不動　密蔵院ホームページ

http://www.mitsuzoin.com/

イラスト　ねこまき（にゃんとまた旅）
装丁デザイン　宮下ヨシヲ（サイフォン グラフィカ）
本文デザイン　渡辺靖子（リベラル社）
編集　渡辺靖子（リベラル社）
編集人　伊藤光恵（リベラル社）
営業　大野勝司（リベラル社）

編集部　堀友香・山田吉之・安田卓馬
営業部　津村卓・津田滋春・廣田修・青木ちはる・澤順二・竹本健志
制作・営業コーディネーター　仲野進

※本書は2017年に小社より発刊した『ラクになる練習』を文庫化したものです

他人のことが気にならなくなる「いい人」のやめ方

2020年5月30日　初版

著　者　名取 芳彦
発行者　隅田 直樹
発行所　株式会社 リベラル社
〒460-0008　名古屋市中区栄3-7-9　新鏡栄ビル8F
TEL 052-261-9101　FAX 052-261-9134　http://liberalsya.com
発　売　株式会社 星雲社（共同出版社・流通責任出版社）
〒112-0005　東京都文京区水道1-3-30
TEL 03-3868-3275

　ISBN978-4-434-27479-4